AF339743

POLITIQUE EUROPÉENNE

MOT DE LA FIN

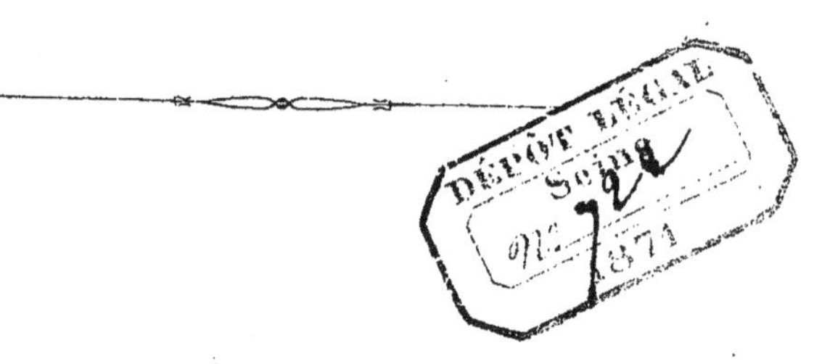

PARIS

<table>
<tr><td>

LIBRAIRIE INTERNATIONALE

A. LACROIX, VERBOECKHOVEN & C°,

ÉDITEURS

13, Faubourg Montmartre et 157, boulevard Montmartre

MÊME MAISON

A BRUXELLES, A LEIPZIG ET A LIVOURNE

</td><td>

E. DENTU, Libraire-Éditeur

PALAIS-ROYAL, 17 ET 19

GALERIE D'ORLÉANS.

Se trouve aussi chez TRUCHY, Libraire

BOULEVARD DES ITALIENS, 26.

</td></tr>
</table>

1871

LE MOT DE LA FIN

Le monde éprouve un tressaillement réel.

Mais la réflexion nous est d'autant plus nécessaire que les événements contemporains rappellent la plus illustre des époques.

Déjà, comme il y a dix-neuf siècles, on sortait récemment de la République ; César se révélait, et, à la suite d'un interrègne, son neveu s'emparait du pouvoir. Seule la fin est différente.

Alors, de même qu'à notre époque, des orateurs, des artistes et des penseurs ont brillé au sein d'une corruption profonde, et, faut-il le dire, d'une légèreté impardonnable.

Des deux côtés se sont trouvé des publicistes et des hommes d'initiative prêts à croire à condition de penser.

Tous, y compris nos écrivains, ont prédit, de concert avec les âmes les plus sensées, une régénération de l'esprit.

Enfin, pour que la ressemblance entre le passé et le présent fût plus grande, l'invasion, naguère tardive, devait maintenant accourir, car les voies de communication sont rapides.

Eh bien, il faut envisager la situation, au nom d'abord des intérêts de la patrie ; de cette hardiesse de bon aloi peut sortir la vérité du moment.

Instruisons-nous. Nos fautes ne sont plus à renouveler.

L'ennemi compte peu sur des éventualités pour occuper définitivement l'Ouest de notre continent. Il a des problèmes empruntés à la science.

Leur solution, la voici :

Il existe un courant humain d'Orient en Occident.

Sous lui s'est à la longue affaiblie la Grèce ; par lui les barbares ont décomposé Rome.

C'est là l'élément naturel de l'invasion, et son activité s'étend depuis l'Asie jusqu'au Rhin.

Pendant quatorze siècles, après la chute du Bas-Empire, un obstacle l'avait interrompu.

Lorsqu'en effet le temps ne manque pas à une crise, la nature trouve dans son sein des ressources inespérées.

De la Baltique à la mer Noire s'était, si l'on peut dire, implanté un peuple d'agriculteurs.

Il s'agit des Slaves ; mais il n'est question pour eux d'aucune sympathie demandée. Nous voulons mettre d'accord dans nos recherches la précision du calcul avec les exigences d'une juste fierté !

L'action dont nous parlions semblait épuisée.

Elle n'avait jamais cessé d'exister.

Quelques faits sommaires vont le prouver.

Dès le moyen âge l'Europe a subi les invasions des Tartares et des Mongols, qui mettaient tout à feu et à sang, qui saccageaient les villes, dévastaient les campagnes et, gorgés de dépouilles, emmenaient parfois des populations entières en esclavage.

Ils gagnaient des batailles ; mais elles rappelaient les victoires que Pyrrhus remportait sur les Romains ; ils s'affaiblissaient et ils étaient forcés de battre en retraite.

La terre, dans les pays qu'ils ont traversés, est encore remplie de tertres qu'ils élevaient pour s'orienter au retour, et la tradition conserve le souvenir d'un de leurs chefs, Djenguiz-Khan, dont le nom est entouré d'une célébrité fabuleuse de puissance et de cruauté.

A ces irruptions se joignirent celles des Turcs.

On n'entend guère citer que la victoire remportée à Vienne par Jean Sobieski. En réalité, des luttes acharnées duraient depuis plusieurs siècles.

Mais le flot humain, d'Orient en Occident, allait devenir plus proche.

Au moment où le vainqueur était à bout de forces, l'importance des Moscovites s'affirma tout à coup. Le courant se fit aussitôt jour jusqu'en Allemagne et nous amena la Prusse.

Cinquante ans ne s'étaient pas écoulés depuis le partage des Etats slaves, et l'ennemi était à Paris, malgré un poignet de fer et la plus vaillante des armées. Son avant-garde est revenue sous nos murs en 1870. Mais éloignons cette date.

Une complication peut se présenter.

Tandis que les puissances au levant et au sud de la Baltique veulent accaparer le continent, l'Amérique a pour ambition l'empire des mers. L'objectif des uns est Paris, celui des autres est Londres. Aucun intérêt apparent ne les sépare.

Il faut prévoir que ces deux espérances auront la tentation de recommencer sur la carte du monde le partage d'Octave et d'Antoine, quitte à livrer ensuite une dernière bataille pour avoir une prépondérance unique.

Eh bien, le danger est considérable. La civilisation est même, en pareil cas, une entrave, car dans une lutte de race à race, pour ainsi dire au couteau, tout ce qui adoucit fait périr.

Un détail de l'invasion, devenu immense, la guerre contre la Prusse et des apparences favorables d'autre part, nous masquent le côté le plus incessant du péril. Les sympathies que nous faisons naître disparaîtront ; les larges intérêts suivront tôt ou tard leur cours normal. Voilà ce qu'il faut prévoir avec fermeté sous peine d'être toujours surpris par les événements.

Mais un point mérite toute notre attention.

Après la marche franche, ouverte de l'invasion, vint sa marche latente, indirecte.

Toutefois, malgré l'habileté du détour, nous garderons les convenances.

Au quatorzième siècle les Moscovites, qui sont d'origine tourane, témoignèrent le désir de remplacer le nom de *Moscovie* par celui de *Russie*, sous le prétexte d'honorer un fondateur de dynastie, le Normand Rurik.

Seulement, plusieurs provinces slaves portaient le nom de *Russie*, et quand ils les eurent envahies, plus tard, ils tinrent ce langage que nous résumons :

Les Russes sont Slaves : les historiens slaves le constatent eux-mêmes.

Or, on nous appelle Russes.

Donc nous sommes Slaves.

Le syllogisme contenait une légère substitution de nom, mais la Moscovie n'a pas tardé à en faire la pierre angulaire de sa politique ; elle vise à un résultat qu'on prévoit : sous le couvert des nationalités, gagner du terrain dans cette Europe où elle s'étend déjà jusqu'au centre et, comme la Prusse, baser, au besoin, les faits accomplis sur des questions de droit, sur des questions d'origine.

Y a-t-il au moins quelque chose de vrai dans ces prétentions ? Rien de fondé.

Une bataille gagnée contre les Mouroma, en 1223, a permis aux chefs moscovites de relier leurs hordes de pays différents par une religion et par une langue européenne d'emprunt ; mais cette transformation, altérée dès l'origine, n'a pu se confondre avec nos croyances et avec nos idiomes, et elle s'est mise tantôt à les envier, tantôt à les persécuter.

Ainsi à Omsk, capitale de la Sibérie méridionale, le tzar Nicolas fit donner, en mars 1837, sept mille coups de bâton à l'abbé Sierocinski, absous par les tribunaux ; un bataillon fut chargé de l'exécution du décret. Quand la victime eut cessé de vivre, son cadavre continua à être frappé ; les os furent mis à nu, brisés et les entrailles s'échappèrent. Non, les Moscovites n'ont rien de commun avec nous.

Une froide cruauté caractérise leur politique. Nous ne voulons pas en dire davantage.

Déjà Louis XIV, pour les distinguer des Européens, n'appelait que *Sa Majesté Moscovite* Pierre Ier qui s'intitulait empereur de Russie, et c'est par amitié pour Frédéric II que le dix-huitième siècle cessa de les traiter de nation asiatique.

Mais les modifications n'ont été que successives.

Peu à peu on s'était habitué à nommer le tzar, ou grand-duc, empereur ; puis, au nom de la grammaire, puisqu'il y avait plusieurs Russies : empereur de toutes les Russies, et l'on tolère maintenant le panslavisme, sans doute pour harmoniser les principes.

En réalité les Moscovites n'ont exigé leur annexion à l'Europe que par un décret de Catherine II.

Un détail fut alors oublié.

On a choisi comme bornes de notre continent une chaîne de montagnes qui ne suffit pas à limiter un département, et le gouvernement de Perm est à cheval sur les monts Ourals.

Tel est l'ensemble d'un vaste système d'empiétements.

Examinons maintenant les causes du danger qui nous menace.

Deux races principales, d'après les dernières données de la science, règlent nos destinées.

Leur ligne de séparation est le bassin de Dniéper.

En effet, pour les races comme pour les grandes étendues de pays, les fleuves, suivis d'une plaine spacieuse surtout dénudée, sont, après l'Océan, la plus exacte des frontières. Ils garantissent mieux que les montagnes de troisième ordre parce qu'on ne peut les franchir sans le secours de l'art ou de l'industrie.

Or, en dépassant la démarcation que nous venons d'assigner vers l'Est, le sol cesse complétement d'être accidenté ; il remplace à perte de vue, avec ses steppes, les nappes d'eau dont est borné ailleurs le continent. Par suite, il semble prêter à ses habitants une mobilité qui les prépare à assaillir l'Occident.

Puis, autant les fleuves se multiplient avant le Dniéper, autant ils sont rares après lui. Ajoutons que les cours d'eau nombreux ou importants font toujours affluer vers eux les populations.

Mais des observations dues à une science nouvelle, l'ethnographie, vont préciser les causes des alertes continuelles de l'Europe.

Les peuples comprenant l'Inde et l'Europe, appelés *Indo-Européens*, se donnent au moins les dehors du désintéressement, de la liberté, de l'agriculture, de la vie provinciale ; ils ont l'amour de la patrie. Les Tourans, au contraire, que représentent depuis quelque temps les Moscovites, peuvent être conduits à la vie nomade par l'intérêt, par le principe exclusif de l'autorité, par la propension à la vie pastorale ou au trafic, même lorsqu'ils pratiquent l'agriculture ; ils ont peu ou point d'existence provinciale, et absence de l'attachement au sol natal dans l'acception large que lui donne notre race.

Aussi le mot de *patrie* n'a-t-il été inventé pour le soldat moscovite, qu'en 1812, par Alexandre Ier, et quand on demande à cet homme en campagne : « Où vas-tu ? » il répond volontiers : « A Paris ! » L'instinct de déplacement a parlé en lui.

Parmi les propriétés caractéristiques des Tourans, détaillons celles qui expliquent le mieux l'invasion.

D'un côté, chez les Indo-Européens ou Aryâs, nous en un mot, il existe une part donnée au sentiment, voire aux passions. Il y a de l'enthousiasme, de l'esprit créateur et la conscience du droit ; de plus, une initiative individuelle puissante ; l'inégalité des aptitudes intellectuelles jointe à l'importance du même nom dans la famille, et la femme entourée de respect, du reste active et généralement plus belle que l'homme. D'un autre côté, qu'on ne s'y trompe pas, il y a chez les Tourans peu de sentiment et plus de tendance aux impressions ; beaucoup de fanatisme ; l'esprit d'imitation ; plus d'attachement aux personnes qu'au droit ; peu de cas de la perpétuité du même nom, et la femme mal jugée par l'âme alors qu'elle rend l'homme plus beau et plus actif qu'elle.

Cette race est aussi plus rusée que la nôtre jusque dans ses sacrifices apparents. Ainsi l'abolition du servage en Moscovie n'a pour but que de renouveler la politique des royautés anciennes au sujet des communes, en n'améliorant en réalité que la condition du pouvoir absolu.

Mais terminons brièvement.

En deçà du Dniéper, voici une grande diversité dans la civilisation, d'où peu de résistance aux chocs renouvelés ; trois ou quatre classes de la société, à savoir le clergé, la noblesse, la bourgeoisie et le peuple ; la prédominance de l'esprit fédératif jusque dans les rapports des puissances entre elles ; des gouvernements constitutionnels variables, et la transmission du patrimoine. Au delà du Dniéper, vers le Gange excepté, il y a dans la civilisation une grande uniformité qui laisse un ensemble puissant à la lutte ; le pouvoir placé dans une seule et même main ; l'absorption au lieu de la fédération, et une sorte de communisme où la propriété est révocable.

Or, ce peu d'attachement au sol, à la famille et aux droits de la propriété donne à nos adversaires une presque certitude que dans un temps donné ils finiront par nous surprendre et par nous subjuguer. Pour mieux arriver à leur but ils réfléchissent longtemps sur eux-mêmes. Nous aimons mieux, nous, nos loisirs et traiter de rêveurs les gens les plus pratiques du monde.

Heureusement il nous reste à l'heure du péril ce qui leur manque, un don précieux, la possibilité de l'indignation, et par elle quelquefois des clairvoyances suprêmes.

Faisons un pas de plus et l'horizon s'agrandit.

Une cause plus générale que celle des races motive l'invasion.

La civilisation a eu pour foyers successifs Athènes, Rome et Paris. Si l'on suit sa marche sur une carte où les montagnes sont en relief, on s'aperçoit qu'elle a côtoyé les chaînes sans les franchir. On peut se demander si elle continuera à s'avancer de l'est vers l'ouest au delà d'un très-grand obstacle qui est l'Océan, ou si elle subira un retour.

Le chemin qu'elle a parcouru est d'abord facile à reconnaître ; partout où elle a passé elle n'a laissé que des ruines ; partout où elle se dirige les nations se fortifient à l'avance.

Ici le doute est encore permis, parce que les Etats-Unis et la Prusse ont acquis simultanément une prépondérance redoutable. Mais la forme particulière du phénomène va nous guider. Pareille à une lumière en mouvement, la civilisation projette sa flamme en arrière, et les pays qu'elle a traversés restent le plus longtemps éclairés.

Eh bien, après être arrivé, vers l'époque de François Ier, à Paris le foyer a commencé à tourner sur lui-même. Les rayons qu'il projette en arrière ont rencontré successivement Venise, la Pologne sous les Jagellons, puis la Hollande, l'Angleterre et enfin les Etats-Unis parcourant de la sorte comme trois quarts de cercle.

Cette rotation jointe à la crise subie en 89 et à l'influence qu'a prise aussitôt le reste de l'Europe à l'est, montre que la civilisation va revenir sur ses pas, mais non point par le même chemin. Si l'on prend New-York pour dernière station du mouvement de rotation, le progrès passera vers la Belgique, par l'Allemagne et par les Etats slaves, pour retourner de là en Asie, son berceau.

On conçoit donc ce qui a lieu quand la civilisation s'avance : les peuples, n'écoutant que l'instinct qui suffit à pousser l'insecte du côté de la lumière, suivent les traces de la civilisation au moindre délire. Quant aux nations qui sont sur le point d'être visitées par elle, on les voit se porter en armes à sa rencontre. Ainsi la Grèce a été la chercher en Asie Mineure ; Rome en Grèce; Charles VIII, Louis XII et François Ier en Italie ; les Allemands sont accourus deux fois à Paris.

Simultanément la civilisation comporte deux parts ou divisions. La Grèce et Rome ont eu l'intelligence, la Judée le sentiment. Dans les temps modernes, si la France a été le droit militant, les États slaves ont hérité du sentiment, avec toutes les calamités attachées aux noblesses de l'âme. Il en résulte une oscillation en croix par rapport à la marche de notre civilisation.

Mais en somme, le courant que nous avons signalé d'Orient en Occident n'est jamais moindre que secondaire.

Ainsi nous avons observé les effets et les causes ; cherchons les voies de salut.

Les moyens sont de deux sortes ; ils concernent l'intérêt de l'ennemi et le nôtre.

Examinons d'abord les lois qui régissent notre voisin ; nous y trouverons peut-être un enseignement pour nous-mêmes.

A ce propos, demandons une définition de l'histoire à la science. L'histoire est l'étude du mouvement des races pour trouver leurs frontières naturelles. En effet, les nations ont tort lorsqu'elles dédaignent les bornes que la nature leur a assignées. Les États qui ont le plus renversé de barrières, la Grèce et Rome, ont payé leurs triomphes passagers par de longs siècles d'inaction politique. L'art est d'étudier de pareilles limites et de s'y conformer. Les peuples qui ne les ont pas atteintes gagnent seuls à s'étendre.

Vainement la Prusse ou la Moscovie égalerait-elle en puissance l'empire romain, elle payerait fort cher ses succès. Elle rencontrerait en premier lieu l'inutilité de ses abus, car les nations qui naguère étaient différentes, sont encore distinctes en dépit de dominations passagères. Voilà la raison certaine de la reconstitution des États slaves.

Mais l'activité des Tourans a une carrière plus profitable que les rapines et surtout le meurtre.

La situation de la Moscovie, en particulier, fait de ce pays un trait d'union entre l'Europe et l'Asie. Les canaux, les chemins de fer, peuvent lui donner ce que donne la mer à l'Angleterre. Même l'économie politique démontre que deux entreprises qui visent à un but commun par des moyens différents, concourent à leur prospérité mutuelle.

Là est l'avenir légitime de la Moscovie, et si elle a des instincts est-ce un motif suffisant pour ne pas les modérer ?

Mais si elle ne veut rien comprendre, l'Occident a un double moyen de se défendre.

Sans entrer dans le détail des intérêts de chaque peuple, qu'il nous suffise de dire que l'Angleterre dont la vie est surtout extérieure, a contre elle, dès qu'elle est isolée, les Moscovites sur les chemins qui avoisinent l'isthme de Suez, et qu'elle les a encore dans le Turkestan, à dix journées de marche de l'Inde. La Prusse, de son côté, est menacée non par une revendication partielle comme à l'ouest de la part de la France, mais par une ingérence permanente de l'Asie. La voilà placée entre deux dangers dont le plus éloigné la frappera le plus fort. Elle a eu tort à la fin du dernier siècle de ne pas conserver à l'est la Pologne, à l'ombre de laquelle elle s'était constituée, et qui, neutre ou neutralisée, aurait du moins amorti les chocs qui l'attendent. Maintenant, quoi qu'il fasse, Berlin est la grande route de Saint-Pétersbourg à Paris. Quant à l'Autriche, son gouvernement comprend déjà que le panslavisme convoite toutes les provinces riveraines du Danube, et la Russie Rouge ou Gallicie, sans laquelle le titre d'empereur de toutes les Russies reste inexact.

Tels sont les motifs sommaires qui doivent porter les peuples de l'Europe à une paix durable entre eux. Devant le péril général, leurs luttes ne sont toujours au début qu'une guerre de clocher.

L'Europe doit enfin comprendre que la liberté en France lui est utile, car jamais les principaux monarques étrangers n'ont eu à l'intérieur des règnes plus tranquilles que depuis 89. On dirait que la France a assumé sur elle la responsabilité de toutes les catastrophes. Mais l'accusation contre elle sert à détourner l'attention d'une vérité évidente, à savoir que l'équilibre européen est détruit depuis que la Moscovie a pesé sur notre continent.

A une autre extrémité, les États-Unis, indépendamment de la question d'identité des races, doivent avoir en perspective l'unité de l'Amérique, et s'ils veulent balancer l'ancien continent ; ils commettraient une faute grave en aidant parmi nous la supériorité numérique d'une puissance quelconque.

Tout le monde ne le sait pas encore, mais tout le monde a intérêt à arrêter l'élan des peuples qui mettent en péril la civilisation. Cette civilisation est, il est vrai, une terre dont il faut ouvrir le sein après chaque moisson ; mais l'histoire attribue cette tâche à une race d'agriculteurs. Quel est donc le rôle des Tourans ? de la faire prospérer par leur tendance à la mobilité et à l'entente du commerce, alors que la civilisation peut seule embellir les mœurs de l'Orient.

Pourtant si une guerre vient à éclater entre les deux races, il est bon de savoir que le champ de bataille définitif de l'Occident est, or on l'ignore généralement, au milieu des États slaves. Ils sont sous ce rapport à l'Europe ce que la Champagne est à la France.

Mais les capitales sont pour les pays la clef de leur position, et Varsovie est la capitale des États slaves. Dès qu'on ne l'a pas, il faut s'en emparer ; quand on l'a, il faut se porter en avant sans la perdre de vue, car elle est trop à découvert, et se trouve être une véritable base d'opération, base étroite, mais indispensable.

Avec l'aide de ce principe on n'aurait rien tenté dans les guerres d'indépendance sans occuper cette capitale, et lorsqu'on l'aurait tenue on aurait transporté la lutte jusqu'à Vitebsk, Mohilev et Kiev, pour ne pas être exposé à la perdre après la première défaite venue.

Pour la même raison, il est permis de supposer que Napoléon aurait dû borner au bassin du Dniéper et de la Dvina la campagne de 1812, et que plus tard, pendant la guerre de Crimée, il aurait fallu gagner une bataille de l'Alma sur les bords de la Vistule.

Que va-t-on faire au delà de ces positions stratégiques à travers des steppes où l'on peut parcourir vingt ou trente lieues de pays sans rencontrer une maison? On renouvelle inutilement la guerre des Romains contre les Parthes.

Le sentiment populaire dit avec raison que la Moscovie est un colosse aux pieds d'argile. Eh bien, ces pieds-là sont à Varsovie. C'est l'objectif dans la question militaire. Il est aussi important à connaître pour l'Europe que pour Paris de savoir qu'il faut compléter les lignes de défense existantes en fortifiant Meudon, le plateau de Châtillon et peut-être les hauteurs avoisinant Versailles.

Pour terminer ce sujet, qu'est-ce, à un point de vue pratique, qu'une bataille?

C'est l'art de faire mouvoir des masses depuis la distribution des troupes par la connaissance exacte du terrain jusqu'à leur ravitaillement ponctuel par l'intendance.

Tout cela dernièrement nous a manqué.

Qu'on ne cherche pas ailleurs la cause des insuccès.

Mais s'il fallait qu'il fût trop tard contre l'invasion ; si les ressources allaient nous faire à peu près défaut, il resterait les ressorts de la politique intérieure.

Il faut tout prévoir, il n'y a de changement à espérer dans un dénoûment fatal que s'il surgit à la tête de nos ennemis, ou parmi les chefs qui nous commandent, une nature d'élite qui permette aux instincts asiatiques surpris enfin par quelques mâles beautés de notre race, de se changer en marques de préférence et d'estime.

Mais ne gardons aucune illusion.

L'unique force qui puisse à l'Occident sauver un peuple des suprématies du dehors, c'est la liberté intérieure même violente; la seule chose qui soit destinée à le livrer pieds et poings liés à une suprématie intérieure qui passe, c'est la violence de cette liberté.

Une effervescence a affranchi la Suisse avec Guillaume Tell, la France en 93 et l'Espagne sous Napoléon ; mais Rome est arrivée au Bas-Empire sous le coup des déchirements de la République, et la Grèce auparavant était tombée au pouvoir de Philippe et d'Alexandre par suite des convulsions de la liberté.

La connaissance des principes en pareille matière est incal-
culable.

Ainsi Robespierre, en ne les ignorant pas, aurait choisi pour
réussir au 9 thermidor un moment où la patrie eût été en danger, et la Terreur aurait triomphé quelques mois de plus. Ce
n'est même qu'une première conséquence. Un jeune officier,
Bonaparte, arrêté à cette époque comme suspect, ne serait pas
resté vivant, et son nom n'aurait sans doute pas été prononcé
dans l'histoire.

Mais l'exemple des États-Unis montre que les guerres d'indépendance n'ont besoin que d'une expansion ardente des libertés.
Le secret de la liberté est ailleurs que dans la violence.

Toute idée contraire, en effet, à la nôtre, dès que l'esprit cherche avec une modération relative à lui opposer l'évidence, finit
par se rendre utile. Son opposition, fût-elle inconsidérée, ne sera
que celle du premier moment. On ne doit en réprimer la mani-
festation que lorsque, oubliant les dernières limites de ses droits
à la publicité, elle attente à la morale que représente la vie pri-
vée, ou lorsqu'elle cesse d'être matériellement passive ; encore
ne faut-il user de ce moyen que lorsque le résultat n'est pas dis-
cutable. A cet effet, la force, pour garder son prestige, ne sau-
rait trop respecter au moins les formes de la justice.

Chose remarquable, la liberté n'a jamais été accompagnée d'un
développement de puissance plus réelle qu'au moment où elle
apparaisssait ou bien qu'elle se retirait. Quand Sparte et Athènes
commencèrent à grandir, quel rayonnement plein de sérénité,
et quel pouvoir à la fin de la liberté ! Quand Brutus proclama la
liberté, il y eut un essor soudain, et lorsqu'un autre Brutus la
vit succomber, quelle influence croissante de Rome ! La liberté
a besoin d'intermittences. En 89, l'ivresse était générale, et quand
la liberté fut enrayée, il y eut une dictature victorieuse. Sans
énumérer tous les événements, nous constatons que les succès
sont dus à un phénomène pendant lequel la liberté s'en va ou
vient. Or ne peut-on pas corriger le défaut de continuité qui la
caractérise ? Une analogie scientifique va nous permettre de
répondre. Qu'on nous pardonne une comparaison ; elle est nécessaire. Dans ce qu'on appelle les phénomènes d'électricité d'induction, approche-t-on un courant d'un appareil à circuit spé-
cial, l'instrument éprouve une action distincte de la première et
qui cesse aussitôt ; éloigne-t-on le courant, l'action recommence,

non moins énergique, puis disparaît de nouveau. Qu'a fait alors l'industrie? Pour entretenir ce pouvoir à l'état constant, elle a approché et éloigné tour à tour la force. Eh bien, observons que la liberté existe le plus parmi les peuples qui arrivent, comme en Angleterre, à l'interruption du courant social autour de leurs habitudes. Il y a là quelque chose des fonctions physiques d'un instrument.

La tactique prussienne n'est même que l'application inconsciente d'un appareil d'induction. Voici trois organes distincts. Dans les dernières guerres, M. de Moltke a été la pile, chaque prince un circuit, et le roi de Prusse le commutateur. Le mécanisme s'est rencontré sous la main de M. de Bismark.

Seulement ce que l'opérateur a ignoré, c'est qu'ayant trouvé cet appareil foudroyant, comme un enfant terrible trouve un jouet, il s'en est servi au grand ébahissement de petits camarades, mais en détériorant l'objet, qui ne devrait profiter qu'à la civilisation.

Son œuvre de destruction sera sans profit pour personne, car, ignorant les lois que nous n'avons qu'esquissées sur le but et sur la condition des peuples, il a fait alors passer sa politique avant les intérêts de la patrie.

Le tort et le malheur de la Prusse seraient de lui confier, les yeux fermés, les destinées de l'Allemagne.

Au moins le mal doit nous profiter : nous savons désormais comment est organisée la force.

Mais elle n'est pas tout le pouvoir. A côté de la force il y a la lumière. Dès lors l'instrument change. Nous ne l'examinerons pas. En continuant la comparaison scientifique, peut-être ne trouverions-nous que deux organes essentiels, un M. de Moltke, si l'on veut, et un régulateur. Et puisque nous parlons de l'homme à choisir, nous essayerons quelques conseils sur lui.

On ne confiera plus l'autorité à ceux qui débutent par un témoignage de désintéressement, dussent-ils tenir parole ; car on ne sait pas s'il vaut mieux pour la chose publique qu'ils soient capables de duper ou d'être dupés. On ne l'accordera pas non plus jusqu'à l'arbitraire à un seul homme, quand il ne s'agirait que de ne pas assombrir ses derniers jours par les ruines qu'il doit accumuler. On l'abandonnera encore moins à plusieurs mandataires à la fois, puisqu'on n'aurait même plus l'avantage de l'unité.

Les électeurs savent déjà que les législateurs à tous les degrés sont utiles pour rétablir pacifiquement les affaires du pays, et les hommes habitués à concentrer plutôt qu'à disperser leur pensée lorsqu'il s'agit de créer des ressources.

D'une manière plus intime, on n'hésitera pas à prendre les jeunes gens d'une spécialité, en dehors de toute filière, lorsqu'il faudra avant tout agir ; des hommes mûrs, érigeant l'initiative pratique en principe pour préparer de loin et dans la solitude une impulsion générale ; enfin des vieillards ayant donné des preuves d'énergie, lorsqu'il s'agira de temporiser dans une voie choisie.

Reste le régulateur politique, qui, pour être réellement pratique, doit reposer toujours sur un principe double.

Cela nous fournit l'occasion de puiser encore un moment à une source indispensable.

Nous avons dit que les races humaines sont de deux sortes, et que l'on distingue les peuples agriculteurs des peuples pasteurs ou commerçants. Ne serait-il pas juste alors que l'agriculture fût à l'Occident un des chemins les plus habituels du pouvoir?

Que faudrait-il ?

Un acte inspiré par une justice élémentaire.

La démarcation des circonscriptions électorales devrait se trouver choisie dans un milieu homogène. On se bornerait à consulter la physionomie commerciale, industrielle ou agricole des localités.

Mais, comme la part des campagnes deviendrait considérable, on aurait, à côté d'une assemblée nationale, un autre corps de même nature, avec des rouages plus simples, une sorte de juge consulté dans les circonstances décisives.

Il est une institution qui, dans l'histoire, combine le mieux l'inspiration et l'impartialité, et qui prend chaque jour plus d'importance ; c'est le jury.

Oui, le jury. Nous admettons qu'il se trompe ; mais puisqu'il est tiré au sort fréquemment, qu'il serait choisi dans la masse des jurés, et que, par suite d'une convention réalisable, tout citoyen honnête ayant quelque instruction pourrait en faire partie, l'ère des révolutions serait sinon close, du moins plus près de l'être.

Ce n'est évidemment, d'ailleurs, ni le conseil d'Etat ni le Sénat.

Voilà l'ensemble du gouvernement constitutionnel, qu'il ne faut pas confondre avec la royauté constitutionnelle, fait particulier.

Dans ces limites, le pouvoir individuel tendra avec le temps à s'effacer en se généralisant.

Déjà les mandataires de la nation ne devraient rien lui cacher, parce qu'il n'est pas admissible que le subordonné cèle la vérité sur un point essentiel à son supérieur. Certes, ce que l'on dit au public peut profiter à des ennemis ; mais si ce que l'on exprime est l'énoncé raisonnable d'une vérité que personne, en général, n'ignore tout bas, cette franchise est de la diplomatie véritable. Les mouvements qui n'ont d'autres limites qu'un simple besoin d'empire sur soi-même deviennent bientôt les plus habiles.

Résumons-nous.

Nous avons parlé surtout d'un courant humain d'Orient en Occident. L'ennemi est là. Les obstacles qu'il rencontre sont chaque jour renversés. A divers titres il convoite, d'une part, l'Ouest et les pays méridionaux de notre continent ; de l'autre, le Nord-Ouest. Si les raisons tirées du soin de sa conservation sont impuissantes sur lui, il faudra à l'Europe livrer bataille, et en ce cas présenter la meilleure condition stratégique, à savoir une ligne de forces plutôt demi-circulaire que droite. La ligne en question traverse, en se brisant partiellement, la Suède, la Norwége, l'Angleterre, le Danemark, la Hollande, la Belgique, la France, la Suisse, l'Italie et l'Autriche ; elle se prolonge au delà de Constantinople. L'Angleterre, prise entre la Moscovie et les Etats-Unis, doit surtout garder la défensive du côté de l'Atlantique, et assurer au besoin ses communications avec les Indes, par Paris, Constantinople et l'isthme de Suez. Ce sont les points faibles de la ligne de défense. Si les Etats-Unis préfèrent un intérêt solide à l'amour-propre, et s'ils se joignent à nous dans une lutte éventuelle suprême, ils formeront nécessairement par leur position géographique la réserve de la civilisation. Si l'Allemagne, mieux inspirée, imite cette puissance le centre ne peut plus être entamé. Enfin, si la Moscovie suivait ce digne exemple, la lutte cesserait évidemment d'elle-même, et l'on arriverait à un but qu'il faut dès à présent espérer, parce qu'il faudra tôt ou tard l'atteindre, but qu'il vaudrait mieux ne pas noyer dans le sang, et dont le monde a le plus vif besoin :

C'est une paix durable au nom de la science.

ZALIWSKI.

Paris. — Typographie A. Hennuyer, rue du Boulevard, 7.